함께 잘사는 일류국가를...

이소연

스스로에게 엄중한 남자 이낙연

스스로에게 엄중한 남자 이낙연

정치의 품격, 이낙연의 얼굴들

이낙연의 말, 김봄 지음

비타베아타

프롤로그

인연의 시작

이 인연의 시작은 2005년으로 거슬러 올라간다. 당시 나는 MBC 주말
버라이어티 프로그램인 〈느낌표〉를 보고 있었다. 〈느낌표〉의 '눈을
떠요' 코너는 진행자와 가수들이 각막이식 현실을 알리고, 장기기증
운동을 펼치는 선한 사회 운동을 표방하던 프로그램이었다.

마침 진행자들이 국회를 방문했고 299명의 국회의원 중 104명의
국회의원이 장기기증에 서명했다. 의원들이 돌아가며 한마디씩 소회를
밝히는 시간이 있었는데 그 자리에서 재치 있는 입담이 돋보였던
정치인 이낙연을 보게 되었다.

"지난해 헌혈 캠페인에 이어 장기 기증에도 동참하게 돼 감회가
새롭습니다. 다만 정치인의 장기도 받아줄지 두렵습니다."

세련되게 자신을 낮추는 이낙연 의원의 언사에 나는 탄복했다.
'다만'이라는 부사가 이렇게 적절하게 사용될 수 있다니. '정치인의
장기'라는 말로, 대중이 인식하고 있는 정치혐오에 대해 충분히
인지하고 있음을 이토록 유연하게 표현하다니 말이다.

그 순간부터 나는 이낙연이라는 정치인의 이름을 기억하게 되었다.

그러던 2009년 어느 날이었다. 청계천변이 훤히 내다보이는 카페에서
친구들과 스터디를 하고 있던 참이었다. 올덴버그의 '스프링' 앞에
세워진 가설무대 주변이 사람들로 복작거렸다. 무대 전면에는 파프리카
관련 행사를 알리는 현수막이 쳐져 있었다. 파프리카와 관련된 다양한

부스가 가설무대 양 옆으로 차려졌고 홍보가 한창이었다. 지금처럼 파프리카가 일상적으로 소비되기 전이었다. 지방 어디에서 특화한 상품을 알리는가 보다 싶었다.

곧 가설무대 위로 오영실 아나운서가 올랐다. 이어 이낙연 의원이 연단에 올라 파프리카를 많이 사랑해달라고 요청했다. 머릿속에 번뜩 이낙연 의원의 '말'이 떠올랐다. 나는 그대로 자리를 박차고 뛰쳐나가 어느새 이낙연 의원과 마주 섰다.

"의원님, 응원합니다."

내 말에 이낙연 의원은 빙긋 웃으며 이렇게 말을 건넸다.

"원피스가 파프리카 색이네요."

주황색 원피스를 입고 있는 나를 지역 행사와 연관시킨 그의 말에 나 역시 빙긋 웃음을 보였다.

그 짧은 만남은 사람들의 대열에 밀려 그렇게 끝나고 말았다. 원래 자리로 돌아온 나를 보고 친구들은 '정치인 오덕'은 처음 본다며, 본격 정치 소설을 써보는 게 어떠냐고 말했다. 우리는 잠시 정치인들의 이름을 입에 올리며 이야기를 나누다가 다시 우리가 고민하던 소설 이야기로 화제를 돌렸다. 그렇게 정치인 이낙연은 내 삶에 소소한 이야깃거리로 남을 줄로만 알았다.

하지만 나는 우연한 기회에 정치인 이낙연을 다시 만나게 되었다.

제 21대 국회의원 선거를 앞둔 시점이었다. 처음 인사를 나누는
자리에서 나는 십여 년 전에 파프리카 행사에서 뵈었다고 말을 꺼냈다.
그러자 이낙연은 내게 "2009년입니다"라며 청계천에서 있었던
행사를 기억하고 있다고 말했다. 나는 그의 정확한 기억력에 놀랐다.
내가 밀착취재를 하게 될 거라고 전하자 이낙연은 잠시 말이 없었다. 곧
이낙연은 차분하고 낮은 목소리로 이렇게 말했다.

　"제 페이소스를 이해하셨으면 좋겠습니다."
'페이소스'라는 단어를 정치인의 입에서 듣게 될 줄은 몰랐다.

　이낙연의 '페이소스'를 어떻게 이해해야 할까 고민이 깊어졌다. 그간
내가 이낙연에 대해 알고 있던 정보와 생각이 아주 막연하다는 사실을
깨달았다. 실낱같은 인연을 침소봉대하여 키운 마음과 방송에서 접한
이미지를 전부라 여겼던 것을 반성했다.

　우선 이낙연이 기자 시절부터 최근까지 펴냈던 저작들을 꼼꼼하게
살폈다. 기자로서, 지역구 국회의원으로서, 전라남도 도지사로서,
한 집안의 맏아들로서 냈던 저작들을 차근차근 읽어나갔다. 더불어
국무총리실에서 발간했던 자료들과 영상들도 모두 훑었다.

　아는 게 조금 덧붙여지자 오히려 생각이 많아졌다. 나는 매체를
거쳐서 전해진 것들은 우선 내려놓고, 일정에 합류해 내가 보고 듣고
대화하며 직접 이낙연을 겪어보면서 좀 더 구체적인 것을 그려나가기로
마음먹었다.

이후로 나는 후보자의 차량에 동승해 종로구 곳곳을 함께 다녔다. 처음에는 궁금한 일정에만 참여하려고 했는데, 점점 함께하는 시간이 늘어갔다. 이동하는 동안 이낙연은 간담회 자료를 검토하거나 잠시 눈을 감고 생각을 고르는 때가 많았다. 잠시 눈을 붙인다고 했지만 그 시간은 몇 분 내외였다.

차츰 한두 마디 인사 정도 나누던 우리의 대화는 다양한 뉴스거리로 옮겨갔다. 어디서도 들을 수 없었던 솔직한 말을 들을 수 있었던 귀한 시간이었다. 누군가를 알기 위해 그처럼 밀착해 관찰할 수 있었다는 건, 지금 생각해도 내 인생에서 다시 접하기 어려운 행운이었다.

이낙연은 주민 간담회나 다양한 협회들과의 만남이 있을 때마다 이해관계가 복잡한 요구들을 많이 받게 되었다. 선거를 이렇게 밀착해 바라본 적이 없던 나로서는 너무나 생경한 모습들이었다. 유권자라는 위치가 이런 것이구나 싶었다.

그런 순간들이 찾아올 때면 이낙연은 최대한 솔직하게 상황을 설명했다. 해결 방법을 찾을 수 있는 일은 메모를 하고 그 방법을 찾아보겠다고 말했다. 덧붙여 현실적인 대안을 제시하기도 했다. 내가 듣기에도 다소 과한 요구나 약속을 요구하는 질문에는 거침없이 이렇게 답했다.

"후보자 한 사람이 그런 말을 하는 게 더 위험한 일입니다. 그리고 그런 일이 있어서도 안 됩니다."

한 사람을, 한 인생을 이야기한다는 것은 참으로 많은 시간과 노력이 선행되어야 할 일이겠지만, 그럼에도 불구하고 나는 지난 총선 기간 동안 내가 겪었던 이낙연이라는 정치인에 대한 이야기를 남기고자 한다.

이 책은 제21대 국회의원 선거 기간 동안 이낙연을 밀착취재하며 보고 들은 내용을 모아 내 나름으로 정리한 글이다. 짧은 분량으로 어찌 그 감상을 다 공유할 수 있을까마는, 그럼에도 불구하고 내가 느꼈던 마음들을 한자리에 묶어두고 싶어 글을 쓰게 되었다.

2020년 9월 김봄

차례

1장　　　책임과 신뢰

- 돼지고기 한 근에 얼마인가요?

- 열흘 사이 세 번

- 해결의 정치

- 오로지 일밖에 모르는 사람

- 핵심은 디테일에 있다

- 책임은 말로 끝나지 않는다

- 호모 메모리스

- 국민께서 아직 제게 그런 권한을 주지
  않으셨습니다

- 자신에게 가장 엄격한 사람

- 국난극복위원장

- 믿음을 주는 사람이 되려면

- 소크라테스식 문답법

- 제 위치에서 충실히 할 뿐입니다

돼지고기 한 근에 얼마인가요?

이낙연은 총리 재임 시절, 정육점 앞을 지날 때마다
돼지고기 가격이 얼마인지 묻곤 했단다. 가격 변동이
있는지, 있다면 얼마나 편차가 있는지 직접 확인하기
위해서였다고 했다.

"왜 그렇게 돼지고기 가격이 궁금하셨어요?"

"돼지 열병 확산을 막기 위해서 펼쳤던 정책 때문이었죠."

스스로에게 엄중한 남자 이낙연

이낙연은 돼지 열병을 막기 위해 했던 일들에
대해 이야기해줬다.

아프리카 돼지 열병은 치명적인 돼지 바이러스 질병이다. 20세기 초
케냐에서 발견된 이래 유럽을 거쳐 아시아 일대까지 전파되었고,
여전히 진행 중이다. 이 병에 걸린 돼지는 대개 일주일 안에 죽는다.
치사율이 100%에 달하는 무서운 질병이다.

"북한에서 돼지 열병에 걸린 돼지들이 생기면,
멧돼지를 통해 남한에 전파될 가능성이 높습니다.
보통 멧돼지는 3킬로미터를 이동한다고 알려져 있는데,
더 멀리 이동한 경우라도 10킬로미터 이내라고
합니다. 돼지 열병에 걸린 멧돼지가 남한으로 내려온다고
하더라도, 그만큼의 지역을 확보한다면 돼지 열병은
남한으로 확산되지 않을 수 있는 것이지요.

그래서 4킬로미터의 비무장 지대를 포함해
강화, 김포, 파주, 연천의 양돈농가들에 보상금을 주고
차단방역을 실시했습니다. 그 결과 완벽한 방어에
성공할 수 있었고요."

"그런 일이 있었는지 전혀 몰랐습니다. 그런데
그만큼 양돈농가가 줄어들면 돼지고기 공급에
차질이 생기지 않나요?"
내가 놀라워하는 한편 의아해하며 되묻자,
이낙연은 다시 말을 이어갔다.

스스로에게 엄중한 남자 이낙연

스스로에게 엄중한 남자 이낙연

"차단방역을 실시한 지역의 돼지 두수는 우리나라 전체 두수의 약 7%를 차지하는데 우리나라는 약 7%가 과잉 공급 상황입니다. 그러니 돼지고기 가격에 영향을 주지 않을 수 있었죠. 그래도 여러 가지 변수가 있으니 꼭 시장에 오갈 때마다 시중의 돼지고기 가격이 어떻게 형성되고 있는지 확인을 했던 것입니다."

"그렇게 차단방역을 하기가 쉽지는 않으셨을 것 같은데요."

"그렇습니다. 문제는 골든 타임을 지키는 것이죠. 수시로 현장을 다니면서 확인을 해야 했고요. 당시 농림부 장관은 링거를 맞으면서까지 함께했죠. 잠 잘 시간, 먹는 시간도 아껴야 할 만큼 한시도 여유가 없었어요. 공직자들이 힘이 들더라도 해결할 일을 미룰 수는 없는 일이지요. 다들 사활이 걸린 문제라 생각하고 현장에 초소를 세워 밤낮 없이 온 힘을 쏟았습니다. '반드시 막아야 한다!' 그런 간절한 마음이 있었습니다."

이낙연의 말대로 이렇게 차단방역을 실시한 결과
2019년에는 단 한 차례도 돼지 열병이 발병하지 않았다.

"이제는 우리의 성공 사례를 해외에서
벤치마킹을 하기까지 합니다. 우리 농림부 차관이
직접 프레젠테이션을 하러 갔다 오기도 했고요.
이 방역 시스템 역시 하나의 수출품이 된 것이죠."

쉽게 값싸게 자주 먹는 돼지고기. 그 가격이 유지되는
이유는 이러한 정책들이 아는 듯 모르는 듯 실현되고
있었기 때문이었다.

열흘 사이 세 번

스스로에게 엄중한 남자 이낙연

나는 이동하는 차 안에서 이낙연과 대화를 나눌
때가 있었는데 그때마다 궁금했던 것들을 질문하곤
했다. 무엇보다도 문재인 대통령과는 어떻게 대화를
나눌까 궁금했다. 국가의 중요한 일들을 논의하는
두 어른의 대화를 아무리 상상해도 잘 그려지지 않았기
때문이었다.

"문재인 대통령께서는 언제 누구를
만나더라도 항상 존대를 하시죠. 그렇게
한결같기가 어려운데 늘 그 모습이십니다."

"대통령께서 퇴임 전날, 저와 정세균 총리를 식사에
초대해주셨어요. 그 자리에서 제게
재난 관련해서는 전문가니, 그와 관련된 책을 써보라고
권해주셨습니다. 재난 관련해서 제가 대처한 것을
좋게 봐주신 것이죠."

문재인 대통령이 콕 집어 재난 전문가라고 할 만큼
이낙연은 총리 임기 동안 재난 관리를 잘 해왔던 것이다.

스스로에게 엄중한 남자 이낙연

"저는 우선 현장을 아주 중요하게 생각합니다.
무조건 곧바로 현장에 갑니다. 가서 직접 보고,
해결할 문제들을 파악합니다. 그래야 이재민들이 하루라도
빨리 일상을 회복할 수 있으니까요. 원격으로
지휘를 한다는 게 사실 현실적으로는 가능하지 않거든요.
서류만 보고 얼마나 파악이 되겠습니까."

스스로에게 엄중한 남자 이낙연

그래서 이낙연은 열흘 사이 세 번이나 현장을 찾았다.
나라 살림을 총괄하는 총리가 현장을 자주 찾는다는 것은
기관 전체가 집중해서 현장의 문제를 해결하라는 또 다른
메시지일 것이다.

스스로에게 엄중한 남자 이낙연

2019년 4월 4일, 강원도 인제에서 시작된 불길은 고성군과 속초시, 강릉시와 동해시로 번져나갔다. 산불은 순식간에 능선을 타고 내려와 동네를 덮쳤다. 화마가 지나간 공간에 남은 것은 온통 재뿐이었다. 당시에도 이낙연은 4월 5일 곧바로 산불 피해현장을 찾아 피해 상황을 직접 파악하고 이재민들을 만났다.

"볍씨 다 타버렸죠? 농기계 다 못 쓰게 되어버렸죠?"

총리의 첫 물음에 이재민들은 참았던 눈물을 쏟고 말았다. 총리는 이재민들의 만성질환과 매일 챙겨 먹어야 하는 혈압약도 챙겼다. 그들이 하루를 어떻게 보내는지, 그렇게 모인 한 해가 어떻게 돌아가는지 총리는 알고 있었다.

"그런데 그런 걸 다 어찌 아세요?"

"제가 촌놈 아닙니까. 전라도 지역구 4선에
전남도지사도 했지요. 전남도지사 할 적에는 전라남도
곳곳을 직접 다 다니면서 농작물 경작 상황을
다 파악했지요."

"혈압약은요?"

"그건 저도 먹습니다. 매일 챙겨 먹어야 하는 건데,
집에 두고 왔으니 얼마나 마음이 덜컥 내려 앉았겠습니까.
자기 몸도 챙기지 못할 정도로 넋이 나가고 마니까요.
우선 제일 먼저 현장에 찾아가 위로를 드리고 그 불안한
마음을 진정시킬 수 있도록 최선을 다하는 수밖에
없습니다."

스스로에게 엄중한 남자 이낙연

나는 내가 보지 못하는 영역을 내다보는
섬세함에 이낙연을 다시 보게 되었다.
강직하고 겸손하고 단단한 언어를 쓴다고만
생각했는데, 하루하루 겪으면서 나는
이낙연의 '감수성'에 놀랐다.

스스로에게 엄중한 남자 이낙연

"저는 절대로 막연한 이야기는 하지 않습니다.
최대한 구체적으로 이야기하죠. 그 계획이 1년 후에
어떻게 지켜질 것인지도 알려줍니다. 살 집이 어떻게
바뀌게 될 것이고, 허물어진 길목이 어떻게 재건될 것인지
모두 알려줘야 합니다. 그래야 모든 게 무너진 현장에서도
마음을 다잡고 다시 밥을 먹고 잠을 잘 수 있는 겁니다.
살아야 하는 의지가 생기는 것이고요."

그렇다. 총리의 재난 현장 방문은 중요한 의미가 있었다.
한 번의 방문은 부족하다. 두 번도 충분치 않다. 그래서
총리는 열흘 사이 세 번, 그들을 찾아가 이야기를
들어주고, 총리의 입으로 직접 구체적인 해결책을
이야기해줬다.

스스로에게 엄중한 남자 이낙연

신뢰는 저절로 쌓이는 것이 아니라 현장에서의 교감을
통해 만들어지는 것이기 때문이다.

해결의 정치

스스로에게 엄중한 남자 이낙연

"현장을 방문해서 구체적으로 해결하지 않으면
그건 정치가 아닙니다. 어떤 사안이든 그림이 그려지게
이야기할 수 있어야 합니다. 잘 모르면 그렇게 할 수
없거든요. 우리 삶의 문제들을 해결하는 게 바로 정치가
해야 할 일이지요."

이낙연은 정치가 해야 할 일은 삶의 문제들을 '해결'하는
것이라고 자주 강조했다.

그래서 이낙연은 지나치게 감성에 호소하는 말을 하지 않는다. 밑도 끝도 없이 살리겠다고 주장하는 말도 하지 않는다. 아주 구체적으로 '무엇을', '어떻게' 하겠다고 의견을 제시한다.

어디를 가서든, 누구를 만나든 마찬가지다. 잘 알고 있기에, 제기된 문제들의 구체적인 해결책 또한 제시할 수 있는 사람이다.

스스로에게 엄중한 남자 이낙연

나는 이낙연을 알게 되면서 정치가 내 삶과
밀착되어 있다는 생각을 점점 더 많이 하게
되었다. 내가 먹고 자고 입는 것들의 결정이
그 세계 안에서 벌어지고 있다는 것도 알게
되었다.

이런 생각을 갖게 해준 이낙연이라는
정치인에 대해 알면 알수록 더 알고 싶어졌다.

우리에게 이낙연은 해답이 될 수 있을까?

오로지 일밖에 모르는 사람

스스로에게 엄중한 남자 이낙연

이낙연과 함께 일해본 사람이라면, 다들 입을 모아 하는 말이 있다.

일 중독자.

골프 한번 쳐본 적 없고, 독서 외에는 별 취미도 없는 사람, 바로 이낙연이다.

게다가 한번 일을 맡으면 아주 끝장을 보고야 마는 성격이다. 그래서 함께 일하는 사람들은 그만큼 몸과 마음의 준비를 해야 했단다. 링거 투혼을 해서라도 해야 할 일은 반드시 해결해야 했으니까. 차단 방역을 실시했던 돼지 열병과 조류 독감 같은 경우도, 일을 해결하고자 하는 열의와 집념이 없었다면 결코 해결하기 쉽지 않았을 것이다.

선거를 앞두고 슬슬 수상한 공격들이 시작되었다. 사소한 일에 꼬투리를 잡고 문제를 일으키는 느낌이 농후한 전형적인 '비틀기', '싸움 붙이기' 식의 기사들이 계속 실시간 이슈로 떠올랐다.

"반박이라도 하셔야 하지 않아요?"
내가 이렇게 묻자, 후보자는 고개를 저었다. 그리고 다음
유세 현장에 가서는 시민들을 향해 외쳤다.

**"저는 미워하지 않겠습니다. 싸우지 않겠습니다.
그러니 지지자 여러분들도 미워하지 말아주십시오."**

이낙연은 꼬투리를 잡아 일을 키우는
사람들과 맞대응할 생각은 전혀 없었다. 그런
움직임에 그저 초연할 뿐이었다.

스스로에게 엄중한 남자 이낙연

"우리는 지금 두 개의 전쟁을 치르고 있습니다.
코로라19라는 전염병에 맞서야 하고, 그로 인한
경제적 어려움을 이겨내야 합니다. 지금은 이럴 때가
아닙니다."

지금은 손을 맞잡고 협력해 상생을 고민해야 할 때라고
목소리를 높였다. 코로나19로 파생된 일과 해결해야
할 문제들이 산적해 있는데, 숨이 넘어갈 정도로
급해 죽겠는데, 무슨 싸움을 계속 거는 것이냐고 되물었다.
이어서 지금은 우선 일을 해야 할 때이니, 위기를 먼저
극복한 후에 정치적인 논쟁을 이어가도 충분하다고
호소했다.

어떻게 지금 안고 있는 문제들을 해결할 수 있을까?
이낙연은 그 구체적인 플랜만을 내내 고민하고 있었다.

일밖에 모르는 바보, 바로 이낙연이 그랬다.

핵심은 디테일에 있다

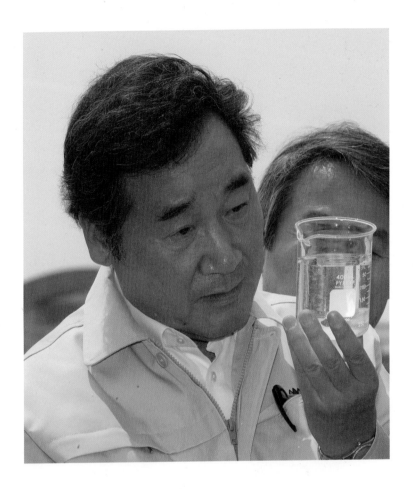

스스로에게 엄중한 남자 이낙연

"가장 중요한 것은 디테일이지요. 확실히 알고 있다면
눈에 보이는 것처럼 쉽게 표현할 수가 있는데, 그렇지가
못하다면 제대로 알고 있는 게 아닙니다."

이낙연의 말은 소설을 쓰는 데에도 통하는
말이다. 인물이나 사물, 배경을 눈 앞에
떠오르듯 묘사하는 것, 그러한 디테일은 소설
쓰기에도 아주 중요하다.

전남도지사 시절, 이낙연의 별명은 '이주사'였다.
공무원들의 공문서 작업부터 대민업무까지 문제가 되는
부분은 그냥 넘어가지 않았기 때문이었다. 또한 옷을
땀으로 적시며 전라남도 구석구석을 찾아 다닐 정도로
현장을 중시했기 때문이었다.

"모든 문제의 답은 현장에 있습니다. 그러니 현장을
가장 우선으로 생각할 수밖에요."

총리가 되고 난 후, 이낙연에게 한 가지 별명이 더 생겼다.
바로 '이낙연'과 'Detail'을 합쳐 만든 '이테일'이었다.

스스로에게 엄중한 남자 이낙연

스스로에게 엄중한 남자 이낙연

고농도 미세먼지 문제를 해결하기 위해 '비상저감조치'를 발령했을 때였다.

"정부가 정한 대책을 따르지 않는 공직자는 인사상 불이익을 주도록 제도화했으면 한다."

고위 공직자뿐만 아니라 공무원 조직 전체를 향해 '이테일' 총리가 한 말이다. 공무원들이 차량 2부제를 제대로 지키지 않는다는 사실을 문제 삼은 것이었다.

스스로에게 엄중한 남자 이낙연

이렇게 사소한 것까지 알고 있는 '이테일' 총리와 업무 회의를 한다는 것은 결코 쉬운 일이 아니었을 것이다. 관료들은 보고할 내용을 가장 알기 쉽게 말할 수 있어야 했는데, 쉬운 말로 표현할 수 있을 정도로 사안에 대해서 완벽하게 숙지하고 있어야 했단다. 빈틈을 찌르고 들어오는 '이테일' 총리의 구체적인 질문에 제대로 답을 하기 위해서라도 말이다.

관료들이 긴장을 늦추지 않으면, 자기가 맡은 일을 확실히 파악하고 있다면, 무엇보다도 국민의 삶이 편해지기 마련이다.

핵심은 '디테일'에 있다.

책임은 말로 끝나지 않는다

"저는 퇴임을 앞두고 제 임기 때 재난을 겪었던
현장을 다시 찾았습니다. 어느 정도 진행되고 있는지
보러 간 것이죠."

기록을 찾아보니, 이낙연 총리는 2017년 11월 15일, 포항
지진이 발생했을 때 직접 포항에 내려와 이재민들을
만났다. 집이 무너진 자리에서 삶이 무너진 것을 보았고,
그들의 일상이 회복될 수 있도록 최대한의 조치들을
취했다.

그리고 2019년 12월 28일, 총리는 포항 지진 피해
이재민들을 만나러 포항에 내려갔다. 그 자리에서 정부가
책임을 덜 지기 위해 꼼수를 부리지 않겠다고 약속했다.

스스로에게 엄중한 남자 이낙연

스스로에게 엄중한 남자 이낙연

"정치는 반드시 책임을 져야 한다고 생각합니다."

이낙연과 대화를 나누면서 여러 번 들었던 말이다.

'책임'이라는 추상어가 어떻게 구체적으로 실현되어야
하는지 이낙연은 잘 알고 있었다. 어떤 일이 있더라도
현장을 자주 찾는 것, 현장의 목소리에 귀 기울이는 것,
그 문제를 해결하기 위해 노력하는 것, 그것이 정치의
기본이라고 말이다.

선거 기간 동안 많은 사람이 후보자를 향해 질문을 던졌다.
"이낙연 후보는 권력 의지가 있습니까?"

나는 그 질문이 틀렸다고 생각한다.
이낙연은 자신에게 맡겨진 일에 누구보다도
강한 책임감을 가졌을 뿐이다. 흔한
권력욕으로 폄하할 수 없는 책임감을…. 말로
끝나지 않는 책임이기에, 언제나 현장으로
향할 수밖에 없는 것이다.

스스로에게 엄중한 남자 이낙연

스스로에게 엄중한 남자 이낙연

앞으로 어떠한 상황이 오더라도 이낙연은
책임질 일을 절대 회피하지 않을 것이다.
자신이 약속한 일들을 반드시 완수해야만
한다는 엄격함이 그에게는 있기 때문이다.
그리고 문제 해결을 위해 책임을 다하는 것이
바로 정치의 기본이기 때문이다.

스스로에게 엄중한 남자 이낙연

이낙연은 항상 수첩을 지니고 다닌다. 누구를 만나든 언제 어디서나 메모를 한다. '이낙연은 메모한다, 고로 존재한다'는 말이 번뜩 떠오르지 않을 수 없었다. 이미 이낙연은 몇 해 전 자신의 페이스북에 같은 제목으로 메모하는 습관과 수첩에 관한 글을 남긴 적이 있었다.

이낙연 자신도 메모하는 습관을 자기 존재의 본질로 여기고 있음이 분명하다. 스스로 판단하기에도, 나처럼 외부에서 보기에도 그런 것이다.

메모는 기억과 망각을 가르는 아주 유효한 기억 저장
장치이다. 그래서 작가들도 기자들도 수첩을 자주
사용한다. 나도 수많은 수첩을 지니고 있다. 장편을 기획할
때마다 새 수첩에 메모를 하는데, 그 수첩의 수가 자꾸
늘어가고 있다.

하지만 수첩에 뭘 적고, 그걸 다시 찾아보고,
해결한 것을 지워나가는 실천적인 메모장은
아니라는 생각이 든다. 수첩들이 내 책상 위에
쌓이는 게 부끄러울 따름이다.

스스로에게 엄중한 남자 이낙연

나는 이낙연이 수첩을 어떻게 활용하는지
내내 지켜봤다. 우선 사람들을 만나면 인사를
나누고 한 명 한 명 얼굴을 눈에 담는다.
(이낙연의 눈은 똑바로 마주 보기 어려울
정도로 강한 기氣가 느껴진다. 나는 살아오면서
그런 눈빛들을 몇 번 본 적이 있다. 소설가 김훈
선생님이 그랬고, 이낙연이 그랬다.)

이낙연은 자기가 이야기하는 것보다 듣는
것을 선호한다. 많은 사람의 다양한 이야기를
경청하다가 고개를 잠시 갸우뚱하는 순간,
어김없이 수첩이 올라온다.

"그 문제는 제가 잘 알지 못합니다.
여기 구의원과 함께 상의해서 현장의 문제를
알아보겠습니다."

후보자는 이런 식으로 문제를 수용했다.

직접 옆에서 그것을 목격하고 보니, 수첩이라는 건 하나의
도구에 불과하지만, 그로써 이 사람이 세상을 대하는
진지한 마음의 태도를 읽게 되었다.

스스로에게 엄중한 남자 이낙연

언론을 통해서도 '이낙연의 수첩'에 대한 이야기는 많이
보도된 바 있다.

2019년 4월, 강원도 산불 현장에 도착한 이낙연 총리.
재난현장에서 만나오던 다른 총리들과는 다른 모습이
하나 있었는데, 입을 앙다물고 한 손안에 들어가는 작은
수첩에 무언가를 열심히 적는 모습이었다.

수첩에는 '잔불 정리 뒷불 감시', '복구지원,
주택 건물 산업시설, 임야' 등 현장에서 요구되는 것들이
빼곡하게 적혀 있었다. 이 수첩은 관계 장관 회의 때에도
등장했다. 누군가 브리핑을 할 필요도 없이 총리가 직접
현장에서 보고 느낀 것들을 정리했다.

오늘도 이낙연은 메모한다, 고로 존재한다.

국민께서 아직 제게 그런 권한을 주지 않으셨습니다

스스로에게 엄중한 남자 이낙연

이낙연과 함께 다니면서 내가 놀란 것이 몇
가지 있는데, 그중 하나가 체력이다. 새벽부터
저녁까지 일정이 이어지는 가운데도 이낙연은
흔들림이 없었다. 주량이 세다고 들었는데
선거 기간만큼은 술을 입에 대지 않았다. 체력
관리를 위해서였다.

스스로에게 엄중한 남자 이낙연

또 하나 놀란 것은 어지간한 일은 본인이 다한다는
것이었다. 유튜브 방송 전에 복장을 갖추거나 머리를
만지거나 하는 일도 직접 했다. 전에는 차 문을 열어주거나
가방을 들어준다고 나서는 비서를 야단치기도 했단다.
비서관들의 월급은 국민의 세금으로 주는 것인데, 그런
일에 비서관들의 시간과 에너지를 낭비할 필요가 없다는
것이다.

바람이 몹시 부는 저녁, 퇴근 인사를 할 때의 일이었다.
1시간가량 길 위에 서서 오가는 차들과 시민을 향해
인사를 하고, 사진을 함께 찍으며 유세를 이어가고 있었다.
바람이 제법 차가워서 나는 바람을 피해 건물 입구 쪽으로
왔다 갔다 하면서 시간을 보냈다. 그러나 이낙연은 자신의
번호와 이름이 붙은 피켓을 목에 걸고 1시간 동안 같은
자리에 서서 손을 흔들었다.

퇴근 인사를 마치고 내가 목 피켓을 들어드리겠다고 하자,
이낙연은 고개를 저었다.

"제 것을 김 작가가 드는 게 더 이상한 일입니다."

지당한 답변이었다. 잠깐 차로 이동하는 사이라도,
이낙연의 것은 이낙연이 들어야 맞다. 괜히 마음이 쓰여
그리 말했던 것은 나의 쓸데없는 오지랖이었다.

스스로에게 엄중한 남자 이낙연

스스로에게 엄중한 남자 이낙연

이낙연은 총리 시절에 관행을 바꾼 사례를
이야기해주기도 했다.

"제가 의전 관행을 몇 가지 바꿨습니다. 총리가 지방에
갈 때마다 지방 관료들이 마중을 나오는 관행이 있었는데,
그처럼 낭비가 없습니다. 그래서 나는 알아서 갈 테니
행사 장소에서 만나자고 했지요. 그렇게 불필요한
의전을 다 바꿨습니다."

조금 더 편하게 갈 수 있는데, 굳이 그럴 필요가 있느냐고
물으니 이낙연은 이렇게 답했다.

스스로에게 엄중한 남자 이낙연

"국민께서 아직 제게 그런 권한을 주지 않으셨습니다.
두려운 건 오직 국민뿐이지요."

스스로에게 엄중한 남자 이낙연

그의 말이 옳다. 권력은 오로지 국민만이 갖고
있고 국민에게서 나오기 때문이다.

처음엔 어쩌면 말만 앞세우는 건지도
모른다고 생각했다. 하지만 이낙연은 언제나
어느 자리에서나 그런 태도였다. 내가
경험했던 시간 내내 그런 모습을 일관되게
유지했다.

자신에게 가장 엄격한 사람

스스로에게 엄중한 남자 이낙연

대선주자 가운데 호감도와 비호감도를 조사한 결과에
따르면 이낙연에 대한 호감도는 53%*로 차기 대권
주자로 꼽히는 사람들 중 가장 높았다. 모두 호감도보다
비호감도가 높은 걸로 조사된 가운데, 호감도가
비호감도보다 높은 사람도 이낙연뿐이었다.

정치를 하면 할수록 비판 받고, 공격 받을 일들은 계속
생기게 마련이라고 호도하는 사람들도 있을 것이다. 그런
입장에서 볼 때, 이낙연의 경우는 매우 특수하게 느껴진다.
아마도 우리 정치에서 흔하게 접해왔던 캐릭터들과는
확연히 구분되는 특장점이 있기 때문이 아닐까 싶다.

* 리서치뷰와 미디어오늘이 2020년 1월 26일부터 30일까지 5일간 전국
  성인 1,000명을 대상으로 조사해 2월 3일에 발표

품격과 신뢰를 이야기하는 사람들도 있는데, 내가
보기에는 지나칠 정도로 엄격한 것이 이낙연의 가장 큰
특징이자 장점인 것 같다. 국무회의를 함께했던 장관들
사이에서 문재인 대통령은 자모慈母, 이낙연 총리는
엄부嚴父로 통한다는 것은 여러 번 보도된 적이 있는
이야기다.

　　　　　　스스로에게 엄중한 남자 이낙연

내가 가까이에서 본 이낙연은 정말 지나칠 정도로 엄격한
사람이었다. 나는 그런 모습이 오히려 의미 있게 다가왔다.
아랫사람들에게만 엄격하고 자신에게 너그러운 지휘관
역할만 하려고 하는 이들과는 달랐다. 이낙연은 자기
자신에게 먼저 더 엄격했다. 시간 관리에 철저했고,
자신에 대한 비판이나 오류에 대한 수용도 빨랐다. 나는
그 긴장감을 유지하는 모습이 참 보기 좋았다.

그러다 보니 이낙연은 말을 할 때도 신중할 수밖에
없다. 막연한 이야기로 미래를 담보하지 않는다. 당선만
되고 보자는 식으로 헛헛한 약속을 남발하지도 않았다.
오랫동안 이낙연을 수행했던 김효섭 비서관에게 들으니,
당선이 된 뒤 밀려드는 민원을 위에서 다 정리를 해줘서
아랫사람들이 일하기 참 편했다고 한다.

공무를 할 때 법과 제도로 이행하기 힘든 일을 권력으로
밀어붙이는 경우가 많은데, 이낙연의 경우에는 그런
것을 아예 접수도 해주지 않는다고 했다. 적법한 절차와
합리적인 판단이 가능한 일이 아니면 서운할 정도로
매정하게 되돌려 보냈다고 한다.

스스로에게 엄중한 남자 이낙연

당연한 일인데도 괜스레 그게 감동적인 건 우리의
정치권이 너무 많이 탁해져 있기 때문일 것이다.

지난 총선 기간 중에 있었던 관훈 토론에서 '세력이
없다'는 것을 어떻게 생각하느냐고 묻는 기자들에게
이낙연은 꼿꼿한 표정으로 거침없이 답했다.

"정치인 문제는 상당 부문 사람의 문제입니다. 그것이
약점이 된다고 보지 않습니다."

스스로에게 엄중한 남자 이낙연

오로지 국민에게 정직하면 된다는 신념을 가진 이낙연,
그는 자신에게 가장 엄격한 사람이다.

스스로에게 엄중한 남자 이낙연

21대 총선을 앞두고 이낙연은 더불어 민주당의 코로나19 국난극복위원장 직을 맡았다. 총리 재임시절부터 재난 해결사로 일해온 전력을 바탕으로 정부와 긴밀히 협조하여 코로나19 국면을 타개하기 위함이었다.

당시 해외 각국에서는 연일 코로나19와 관련해 충격적인 뉴스가 전해졌다. 이탈리아는 전국 봉쇄령을 내렸고 이동제한을 전국으로 확대했다. 소매점까지 영업이 금지됐다. 스페인도 상황은 다르지 않았다. 전국 봉쇄령에 이어 소매점도 영업이 금지됐다. 프랑스는 '사유서 없이는 집 밖으로 나갈 수 없는' 전 국민 금족령이 내려졌다. 오스트리아는 공공장소 이동 제한령이 내려졌고, 아일랜드는 식당과 술집이 모두 폐쇄됐다. 미국은 미국 전역의 영화관을 폐쇄하고 무기한 영업 중단 조처를 내렸다. 그 가운데 코로나19 환자가 격리를 거부하는 바람에 보안관들이 차로 환자의 집을 포위하는 등 정부와 환자들 간의 마찰이 속속 빚어졌다.

호주에서는 대형마트에서 휴지를 사재기하다가 폭행과
욕설 끝에 칼부림까지 하는 끔찍한 일이 벌어졌다.
위기 상황에서 인간성이 어디까지 추락하는지 단적으로
보여주는 현장이었다. 또한 영국에서는 집단 면역
정책이 뭇매를 맞는가 하면 총리를 연일 조롱하는 기사가
이어졌다. 가까운 나라 일본에서는 코로나19 환자와
사망자를 은폐한다는 소식이 들려왔고, 드러난 것보다
훨씬 많은 숫자의 환자와 사망자가 있을 거라는 추측도
나왔다. 아예 검사 자체를 하지 않는 게 문제라고 했다.
그들이 막대한 자본을 투자한 올림픽 개막을 앞두고
있어서 그렇다는 것이었다. 바이러스 때문에 지구 곳곳이
참혹한 풍경으로 물들어갔다.

스스로에게 엄중한 남자 이낙연

"정말 우리 국민이 대단하다는 걸 또 한 번 느꼈습니다.
자신은 밖에 나갈 일이 없으니, 더 필요한 이들에게 주라고
남에게 마스크를 양보하는 국민이 있는 나라가
우리나라 아닙니까?"

스스로에게 엄중한 남자 이낙연

휴지를 사재기하는 바람에 칼부림이 났다는 해외 뉴스에 대해 이야기하던 중 이낙연이 한 말이다.

이낙연의 말처럼 우리 국민성은 세계 여러 나라의 주목을 받았다. 특히 우리 정부의 재난대응시스템은 방역 모델이 되기에 충분했다. 〈월스트리트 저널〉에서는 한국이 전 세계 코로나19 대응의 바람직한 모델이 되었다며 극찬을 아끼지 않았다. 미국에서는 '한국은 감염자 많은 나라'에서 '훌륭히 대응한 나라'로 바뀌었다며 미국도 어서 한국의 시스템을 따라야 한다는 의견이 등장했다.

특히 미국 공중보건 서비스 단장인 제롬 아담스는 "추이를 보면, (미국은) 이탈리아가 될 수도 있지만 미국인들이 정부의 이야기를 듣고 사회적 거리를 유지한다면 (미국은) 한국이 될 희망도 있습니다"라고 말하기까지 했다.*

---

* KBS 뉴스 3월 17일 김웅규 특파원 보도 내용 참조

그뿐만 아니라 우리 정부와 여당은 중소기업 및 소상공인 긴급경영 안정자금을 지원하는 계획을 수립했고 곧바로 시행에 들어갔다. 국민의 삶과 직결된 분야부터 숨통을 트이게 해야 한다는 게 주된 목표였다. 또한 프랑스 대혁명을 통해 민주주의의 근간을 세운 프랑스마저도 선거를 포기하고, 연기하는 마당에 우리는 무사히 선거를 치러냈다.

그러나 불행히 8월 15일 대규모 집회 이후 집단 감염이 늘고 있는 추세이다. 또한 가을 재유행설에 이어 내년에도 종식되지 않을 거라는 위기감이 일고 있다. 8월 말 사회적 거리두기 2단계로는 확산 추이를 막을 길이 없어 수도권을 중심으로 사회적 거리두기 2.5단계가 시행되었다. 경제 활동이 거의 마비되는 3단계까지는 어떻게든 막아보려는 노력이 엿보인다.

스스로에게 엄중한 남자 이낙연

스스로에게 엄중한 남자 이낙연

변이를 계속하고 있다는 코로나19, 포스트 코로나
시대에도 우리는 이 바이러스와 함께 살아가야 할지도
모른다. 영원히 종식을 선언하지 못할지도 모른다는
불안감마저 든다.

지난 정권에서 메르스를 은폐하려다 초기 대응을 할 수
있는 귀한 시간을 놓친 것을 모두 기억할 것이다. 역사를
통해 우리는 지금의 문제를 반성하고 새로운 비전을
찾기도 하지만, 절대 반복되면 안 되는 역사도 있다는
사실을 잊어서는 안 된다.
이런 위기에 맞서 가장 정직하게 현재의 문제를 공개하고,
투명하게 질병을 관리할 수 있는 적임자가 필요하다.
문재인 대통령과 질병관리본부 그리고 국난극복위원장을
지낸 이낙연이라면 믿고 맡길 수 있지 않을까.

"어떤 총리로 기억됐으면 좋겠습니까?"

**"하나는 '이낙연 말은 믿어도 돼' 하는 이야기를 들었으면
좋겠다 싶은데 쉽지 않죠. 그러나 제가 일부러 거짓말을
하거나 그럴 사람은 아닙니다."**

2017년 12월 17일 JTV 전주방송 〈클릭! 이사람〉 인터뷰
당시 이낙연 총리의 발언이다.

이낙연은 다른 몇몇의 인터뷰를 통해서도 '신뢰' 받는
사람이 되기를 희망한다는 말을 여러 번 한 적이 있다.
이낙연에게 '신뢰'는 왜 이렇게 중요한 화두가 되었을까?

그 질문에 이낙연은 자신이 속한 직업군에
대한 이야기를 꺼냈다.

스스로에게 엄중한 남자 이낙연

"환영 받지 못하는 직업군이란 걸 잘 알고 있습니다."

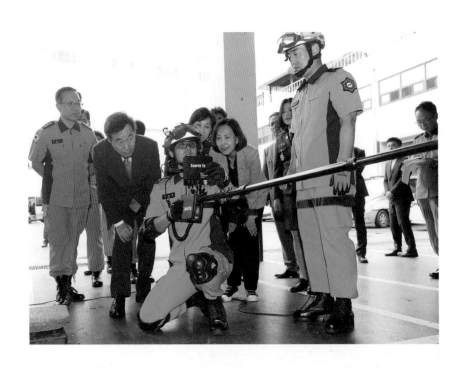

스스로에게 엄중한 남자 이낙연

이낙연은 기자를 하다가 정치인이 되었다. 기자도
정치인도 신뢰도가 매우 낮은 직종이다.
총리 재임 시절, 소방의 날 기념 소방공무원 격려 오찬
자리에서 이낙연 총리는 이렇게 말했다.

"저는 기자를 하다가 정치인이 됐습니다. 기자도 정치인도
신뢰도가 매우 낮은 직종이죠. 제가 여러분 앞에서
이렇게 잘난 척한다는 것 자체가 말이 안 됩니다.
가장 신뢰받지 못하는 사람이 가장 신뢰받는 분들 앞에서
잘난 척하는 건 얘기가 안 되는 것이죠."

가장 높은 신뢰도가 요구되는 직종임에도 불구하고
정치인들에 대한 신뢰도는 그리 높지 않다. 그건 눈살을
찌푸리게 하는 몇몇 정치인들의 언행 때문만은 아니다.
그 집단 전체에 대한 불신과 혐오, 그것을 벗어나기는 여간
어렵지 않다. 그렇기 때문에 이낙연은 '신뢰'와 '품격'을
갖춘 정치를 하겠다고 밝힌 바 있다.

그러기 위해서 이낙연은 남보다 많은 현장을 누비며 직접
보고 듣는다. 충분히 이해하고 있는 내용이라면 누구보다
쉽게 전달할 수 있기 때문이다. 가감 없이 진실만을
전달해도 충분히 울림을 줄 수 있다는 걸 이낙연은 잘 알고
있고 그게 진실이라고 믿고 있다.

소크라테스식 문답법

스스로에게 엄중한 남자 이낙연

많은 국민에게 '이낙연' 이름 석자를 깊이 각인시킨 영상이
있다. 2017년 9월 국회 대정부질문에 나섰던 이낙연
총리의 영상이다. 영상 속 이낙연 총리는 상대방의 질문에
답하는 것이 아니라 질문을 던짐으로써 스스로 깨닫게
만드는 소크라테스식 문답법을 시전했다. 그 모습 때문에
그의 지지자가 되었다고 하는 사람들도 많았다.

국회 대정부 질문에서 당시 새누리당 안상수 의원은
북한의 김정은 위원장과 협상하는 게 맞느냐고 총리에게
물었다.

"그러면 어떻게 해야 합니까?"

총리가 부드럽고 단단한 음성으로 되묻자 한창 열을
올리던 자유한국당 안상수 의원은 잠시 뒷말을 제대로
잇지 못했다. 대안 없이 비판을 위한 비판을 일삼던
국회의원들의 화법에 문제를 제기한 것이었다.

스스로에게 엄중한 남자 이낙연

자유한국당 김성태 의원도 이낙연 총리를 향해 언성을
높였다.

"오죽하면 트럼프 대통령과 아베 총리가 통화를 하면서
'한국이 대북 대화를 구걸하는 거지같다'고 했다는 그런
기사가 나왔겠습니까?"

**"김성태 의원님이 한국 대통령보다 일본 총리를 더
신뢰하고 있다고 생각하지는 않습니다."**

총리의 말에 김성태 의원 역시 잠시 말문이 막히고 말았다.
아무도 공격하지 않았고, 아무도 상처주지 않았지만 가장
우아한 방법으로 상대방을 무력화하는 말이었다.

"한쪽에서 언성을 높이면서 다그치면 감정이 나올 수도
있으실 텐데, 어떻게 그렇게 대응을 하셨어요?"

"말로 이기겠다는 생각보다 상황을 좀 더 쉽게 전달하기
위해 고민하는 게 우선이죠. 그리고 그런 자리에서는
제가 흥분할 필요가 없습니다. 이 모든 상황의 심판관은
'국민'이기 때문입니다."

스스로에게 엄중한 남자 이낙연

제 위치에서 충실히 할 뿐입니다

스스로에게 엄중한 남자 이낙연

2020년 4월 2일 0시부터 공식적인 선거 일정이
시작되었다. 이낙연이 첫발을 뗀 곳은 창신동의 '우리
마트'였다. 24시간 영업을 하는 마트에서 공식 선거 일정을
시작한 데는 이유가 있었다.

"코로나 정국에서 가장 타격을 입었을
소상공인들의 삶을 먼저 위로하고 살펴야 합니다.
우리 민생 경제의 가장 기본이 되는 분들이시죠. 여기가
무너지면 사회 전체가 흔들릴 수 있고요. 이 시각에도
여전히 불 밝히고 있는 삶의 현장을 잊지 않겠다는
마음으로 받아들여주시면 감사하죠."

자정이 막 지난 시간이었지만 장을 보는
사람들이 있었다. 이낙연을 크게 신경
쓰지 않고 각자 자신의 '할 일'에 집중하는
모습이었다. 그들은 이낙연이 자리를
옮겨 인사할 때마다 가볍게 목례를 하거나
눈인사를 건네며 조용한 응원을 보냈다.

스스로에게 엄중한 남자 이낙연

스스로에게 엄중한 남자 이낙연

더러 악수를 먼저 청하는 이도 있었다. 이낙연은 손을
뻗어 단단한 굳은살이 내려앉은 정직한 손을 고개 숙여
맞잡았다.

"당신이라면 뭔가 해야 할 것 아니요?"

그 주문에 이낙연은 고개를 다시 한 번 숙였다.

**"저는 시민께서 제게 보내주시는 신뢰의 깊이를 압니다.
그 무게가 얼마나 묵직한 지도 알고 있지요. 대단한
출정식이 무슨 필요가 있겠습니까. 있음직하게 포장하고
애써 이미지를 가꾸는 것은 아무 의미가 없지요."**

이낙연은 그렇게 소박하게 선거 운동의 시작을 알렸다.

나는 가끔 궁금해지곤 했다. 이슈가 되어야 하고, 기자들이 더
많은 기사를 쏟아내야 하는데 그런 부분에 신경을 덜 쓰는 느낌을
받았기 때문이다. 본인이 기자 생활을 오래 했기 때문인지 이낙연은
기자들에게도 쓴 소리를 종종 했다.

"제가 이만큼 살아보니까 세상이 제 마음대로
되지 않는 걸 알았습니다. 그러니 오히려 여유가
생기더군요. 억지로 뭘 한다고 되는 것도 아니고요.
그렇다고 아무것도 안 하면 생기는 일도 없지요. 그러니
저는 그저 제 위치에서 충실히 할 뿐입니다."

스스로에게 엄중한 남자 이낙연

나는 화력이 넘치는 이낙연의 모습을 분명히
기억하고 있다. 그랬던 이낙연이 말을 아끼고,
보다 신중한 표현을 선택한 것은 삶의 과정
속에서 느낀 것을 실천하기 위함이라는 것을
알게 되었다. 강한 말로 좌중을 압도할 수는
있지만, 그 말에 책임을 다하지 못한다면 그건
안 하느니만 못하기 때문일 것이다.

스스로에게 엄중한 남자 이낙연

2장 　　　　포용과 배려

가난은 위장된 축복이다

스스로에게 엄중한 남자 이낙연

이낙연은 종로구 효자동의 어느 집 입주과외로 서울살이를
시작했다. 대학등록금은 어찌해 보겠는데 하숙비는
알아서 마련하라는 아버지의 말이 있었기 때문이었다.

"저는 그때의 저를 '남루하다'라고 표현합니다.
정말 '남루하다'라고 말할 수밖에 없을 정도로 아무것도
없는 삶이었습니다. 종로에서 처음 시작한 제 청춘은 그런
모습이었습니다. 다 같이 힘들고 가난했던 시절이었어요.
저는 밥을 굶지는 않았지만 먹고살기 위해 계속 뭔가를
해야 했습니다."

**"저는 지난 시련의 시간 동안 저만 특별히 고통 받았다는
말은 못합니다. 다들 그렇게 공부했고 그렇게
살았으니까요."**

종로에서 온전히 대학 4년을 보낸 이낙연은 종로구
서린동의 〈동아일보〉에서 기자생활을 시작했다. 법학을
전공하고도 사법시험을 치르지 않았던 것은 염치가
없어서였다고 했다. 7남매의 맏이였기에, 언제 합격할 지
모르는 시험에 시간과 돈을 쓸 여유가 없었다.

스스로에게 엄중한 남자 이낙연

정치부 기자였던 이낙연은 고 김대중 전 대통령에게서
몇 차례에 걸쳐 정계 입문 권유를 받았다. 기자시절부터
고 김대중 전 대통령은 살뜰하게 기자 이낙연을 챙겼다고
한다. 자리에 이낙연이 없으면 올 때까지 기다렸고,
차 안에서 대기할 때는 특별히 차 안에 들여 이야기를
나누기도 했단다.

첫 번째 권유를 받았을 때는 기자로서 일을 더 하고 싶은
욕심이 있었고, 특파원으로 나가게 되어 고사했다.

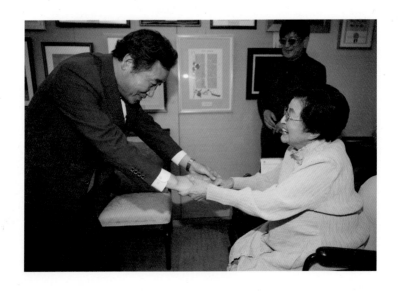

스스로에게 엄중한 남자 이낙연

이후에도 권유가 이어지자 몇 번을 고사한 끝에 기자
이낙연은 민주당에 입당해 선거를 치르고 2000년 제16대
국회의원이 되었다.

고 노무현 전 대통령의 취임사를 썼고,
당 대변인으로 활약을 하기도 했다. 제19대까지,
4선 의원으로 국정활동을 펼쳤던 이낙연은 2014년
전국동시지방선거에서 전남도지사에 당선되어
전라남도의 자치행정을 책임졌다.

스스로에게 엄중한 남자 이낙연

그리고 2017년 5월 30일 문재인 정부의 초대 총리가 되어
나라의 살림을 맡아 운영했다.

이낙연은 자기 삶의 여정을 천천히 훑으면서 이렇게
말했다.

"이 시작은 하숙비를 줄 수 없었던 가난한 형편에서 비롯된
것이지만, 제 가난과 역경이 있어 여기까지 온 것이지요.
저는 그걸 위장된 축복이라 부릅니다."

자신의 삶을 오롯이 긍정하는 사람만이, 그 시간을 잘
극복해온 사람만이 할 수 있는 말이다.

소박하지만 위대한 우정

스스로에게 엄중한 남자 이낙연

"위대한 국민을 섬길 수 있었던 것은 제 인생 최고의
행운이자 영광이었습니다."

2020년 1월 14일, 정부서울청사 마당에서
열린 조촐한 퇴임식에서 역대 최장수
총리였던 이낙연 총리가 한 말이다.

퇴임인사를 마치고 공직자들과 인사를 나누던 총리에게
한 남자가 한아름 꽃다발을 들고 다가왔다. 남자를
알아본 총리의 얼굴이 순간 환하게 밝아졌고 남자 역시
마찬가지였다. 총리는 성큼성큼 남자에게 다가가 반갑게
포옹을 나눴다.

스스로에게 엄중한 남자 이낙연

이낙연 총리와 남자의 우정은 역대 최고의 폭우를 동반한
태풍 미탁이 한반도에 상륙했던 2019년 10월로 거슬러
올라간다.

피해가 컸던 곳 중에는 삼척시 원덕읍 갈남 2리도
있었는데, 남자는 그곳의 이장 김동혁이었다. 태풍 미탁이
불어오는 저녁, 김동혁 이장은 태풍을 온몸으로 맞아가며
마을 사람들을 깨우러 다니느라 자신의 살림은 돌볼
겨를이 없었다고 한다.

그런 김동혁 이장이 볼 때, 총리는 꽤 믿음이 가는
관료였다. 가장 먼저, 그리고 여러 번 재해현장을
찾아왔고, 퇴임 직전까지도 상황이 진척되어 가는 것을
확인하고 돌아갔으니 말이다.

"삼척시 원덕읍 갈남 2리 김동혁 이장이라고
있습니다. 퇴임 직전 포항을 찾았을 때 김동혁 이장을
다시 만났습니다. 이 분이 뭔가 대접을 하시고 싶으셨던
모양입니다. 저를 어디 바닷가로 데리고 가요.
그래서 남자 넷이서 바닷가 좌판에 둘러앉아서 술을
한잔했죠. 바람이 어찌나 부는지 뺨이 다 얼얼했습니다.
그런데 그게 그렇게 기억에 많이 남습니다. 참으로
격의 없이 이야기를 나누다 왔거든요."

스스로에게 엄중한 남자 이낙연

자기 마을을 위해 동분서주했던 김동혁
이장의 책임감에 대해 이야기하며 총리는
그런 친구와 마음을 나눈 것을 뿌듯해했다.

스스로에게 엄중한 남자 이낙연

고위 행정 관료가 시골 이장과 함께 바닷가
좌판에 앉아 격의 없이 술잔을 기울였다는 게
믿기지 않을 정도로 신선하게 다가왔다.

이 당연하고 소박한 우정이 위대하게
느껴지는 것은, 말로는 국민을 섬긴다면서
의전儀典과 특혜를 당당히 요구했던 그간의
정치인들 때문일 것이다.

당신의 이름을 기억합니다

스스로에게 엄중한 남자 이낙연

이낙연은 매일같이 지역구 구석구석을 살피며 시민을
만났다. 길에서 만난 얼굴들을 머리에 담고 그들의
이야기를 들었다.

간담회 자리에서 주민을 마주할 때면 언제나 모두의
이름을 기억했다. 간담회를 시작할 때 한 번, 그리고
마무리할 때 한 번, 모두의 이름을 불러주었다.
사진 촬영을 할 때면, '어디의 누구 씨'라고 이름을 불러줄
만큼 기억력이 좋았다.

우연히 길에서 다시 만나게 되는 경우도 여러 번 있었는데,
그때마다 주먹 인사를 나누며 '어디의 누구 씨'라고 기억을
했다. 반가움이 놀라움으로 바뀌었고, 금세 환호가 되어
돌아왔다.

"어떻게 그렇게 기억을 잘 하시는지요. 무슨 비결이
있으세요?"

**"우선 자리와 이름을 적어놓고 머릿속에 그 그림을
그려넣지요. 그리고 그 그림 전체를 기억하려고 합니다.
어디에 앉아 있었던 누구, 하는 식으로 말이죠."**

스스로에게 엄중한 남자 이낙연

한 사람을 만난다는 것은 인생 전체를
마주하는 일이며, 하나의 역사를 마주하는
일이다. 그렇기에 좀 더 신중하게, 좀 더
세심하게 마주해야 한다.

이름을 기억하면서, 함께 나눴던 이야기를
잊지 않기 위해서라도 말이다.

한 켤레의 구두로 기억되는 남자

스스로에게 엄중한 남자 이낙연

선거 기간 동안 이낙연은 검은색 구두와
파란색 운동화를 상황에 맞게 바꿔 신으며
유세를 이어갔다. 신발을 벗고 들어가야 하는
식당에 갔을 때 나는 우연히 이낙연의 구두를
보게 되었다. 앞코는 반질반질 윤이 났지만
발 모양대로 외형이 잡힌 구두는 오른쪽
뒤축이 무너져 있었다.

문득 아버지의 구두가 떠올랐다. 매년 생신
때마다 나는 아버지께 구두 선물을 했다.
내가 사드린 구두는 한 해가 다 가기도 전에
뒤축이 닳고 속창이 밀려들어갔다. 아버지도
내 생각보다 많이 움직이고 더 많은 땀을
흘리셨을 것이다.

이낙연은 코로나 국난극복위원장과 더불어
민주당의 공동 상임 선거대책위원장까지
맡고 있어서 중앙당에서 열리는 회의에도
자주 참석해야 했고, 지방을 돌면서 다른
후보자들의 선거도 도와야 했다. 아마 21대
국회의원 선거 일정 중 가장 장거리를 뛴
사람이 이낙연이 아닐까 싶다. 그렇게 지방
일정을 다니는 중에도 반드시 지역구 일정을
소화해야 한다는 게 이낙연의 생각이었다.

새벽부터 지방에 다녀오는 날에는
저녁에라도 주민이 있는 자리를 찾아 나섰고,
오후 늦게까지 다른 일정이 있는 날이면
새벽 운동에 나선 구민을 만나기 위해 그보다
일찍 집을 나섰다. 동행 취재를 하겠다고 했던
나로서도 도저히 그 일정을 소화하기가 힘들
정도였다. 체력만으로도, 의지만으로 안 되는
게 그 일정이었다.
"이렇게 많이 움직이면 힘들지 않으세요?"

"선거가 원래 그렇습니다. 이 시기에는 더 부지런히
찾아뵙고 인사를 드려야 하고요. 코로나19로 일상도
선거 분위기도 많이 바뀌었으니 조용히 차분하게 한 분
한 분 만나 인사하고 눈을 마주 보고 진심을 전하는 수밖에
도리가 없지요."

스스로에게 엄중한 남자 이낙연

그런데 언뜻 듣자하니 선거 차량과 노래를 준비하겠다고
누군가 전화를 걸어 말을 전한 모양이었다.

**"지금 시국이 어떤 시국인데, 춤추고 노래하는
선거를 한답니까?"**

더 큰 소리가 나오지는 않았지만, 화를 지긋이
삭히는 표정이었다.

그래도 선거인데…. 뭔가 더 전략적으로
접근해야 하지 않을까 싶었지만 이낙연은
결코 그렇게 해서는 안 된다고 말했다.

"유난을 떨 게 뭐 있습니까. 사람들이 아주 정신이
없습니다. 가뜩이나 정치인들에 대한 불신도
깊은데 자기 선거한다고 시끌벅적 다니면 누군들
좋아하시겠습니까. 국가적 위기를 겪고 있는 만큼 조용히
선거를 치러야지요."

나는 더는 말을 붙이지 못했다.

스스로에게 엄중한 남자 이낙연

스스로에게 엄중한 남자 이낙연

선거 기간 내내 이낙연은 조용히 선거 운동을 이어갔다. 선거를 끝마친 후에도 몇 번 일정을 함께 할 일이 있었다. 5월 30일, 부처님 오신 날이었다. 등줄기를 타고 땀이 흘러내릴 정도로 더운 날이었다. 나는 몇 군데 절을 함께 다니면서 이낙연과 잠시 말을 나눌 수 있었다.

그날도 우리는 선거철처럼 여전히 골목을 걷고 또 걸었다. 신발이 닳는 동안 시간, 공간 그리고 사람이 이낙연에게 남았을 것이다.

내 취미 중 하나는 댓글 읽기이다. 댓글 안에 담긴
위트와 재치, 풍자와 해학에 놀랄 때가 한두 번이 아니다.
한 번 꽂히면 수백 개의 댓글을 다 읽기도 한다.

이낙연과 함께 다니기 시작하면서 나는 관련된 기사나
영상에 붙은 댓글을 가끔 찾아 읽게 되었는데, 젊은
정치인들처럼 구독자나 조회 수가 많이 오르지는 않았지만
팬 층이 두텁다는 것을 느낄 수 있었다. 가장 공감이 가는
댓글들은 이낙연의 이야기에 관한 내용이었다.

스스로에게 엄중한 남자 이낙연

"이 분은 연설을 하는 게 아니다. 살아온
기억을 되짚는데 그 기억은 감동적인
메시지가 된다."

"삶의 스토리가 역사, 경제, 사회, 문화 등
어디에도 빠지는 데가 없다."

"아는 게 많은 줄 알았는데, 겪은 일이
많았던 것이다."

많이 알고 있어야 할 수 있는 이야기를 풀어내는 사람,
이낙연은 정말 그랬다. 나는 이전에 이렇게 가까이에서
정치인의 연설을 들어본 적이 없었다. 신기한 것도 잠시
차츰 이낙연의 말에 귀 기울이게 되었다.

이낙연은 선거 기간 내내 더불어 민주당
선거대책위원장으로, 종로구의 지역구
국회의원 후보로 지역 곳곳을 돌며 연설을
했다. 때와 장소 그리고 사람이 바뀔 때마다
그에 맞는 새로운 연설이 나왔다. 이낙연은
자신과 얽힌 일화나 그 지역이 안고 있는
현안에 대해 공감의 목소리를 높였다.

스스로에게 엄중한 남자 이낙연

배움이 길지 않으셨지만 삶을 통찰할 줄 아셨던 어머니, 맏이만큼은 대학에 보내겠다고 하셨던 아버지, 그 때문에 스스로 진학을 접었던 누이들. 배고프던 시절 살뜰히 챙겨주셨던 선생님들, 정치와 철학을 알게 해주신 고 김대중 전 대통령, 인간미 넘치셨던 고 노무현 전 대통령 그리고 종로 곳곳에서 만났던 분들의 살아 있는 진짜 이야기가 매일의 이낙연에게 스며있었다. 인연이 닿았던 수많은 사람과 겪었던 일들과 당시의 풍경들이 이낙연의 기억 속에, 그의 말속에 살아 숨 쉬고 있었다.

나는 언제나 이낙연의 말에 귀 기울였다. 이낙연의 말은
생생한 역사의 증언이었고, 또한 그와 연결된 많은 사람의
생의 증거이기도 했다

촌철살인

스스로에게 엄중한 남자 이낙연

왜 이낙연을 지지하느냐고 물으면 대부분
국정감사와 국회 대정부 질문에서 보여줬던
이낙연의 '말'을 언급한다. 부드럽지만
뼈아프게, 합리적이지만 날카로운 화법을
통해 많은 가슴을 후련하게 뻥 뚫어줬다고
입을 모았다. 형편없이 무례한 인사에게조차
예의를 갖추는 모습에 감동했다고 말이다.
그 모습에 우리 정치에 희망을 보았다고
덧붙이는 이들도 많았다. 하지만 나는 그보다
대변인 시절, 화력 넘치던 이낙연의 모습을 더
좋아했다.

"저는 예전 민주당 시절, 후보자께서 박형준 한나라당
의원과 토론회를 하셨던 것을 기억하고 있습니다.
한마디도 밀리지 않고 맞서서 대응을 하셨는데, 저는
대정부 질문에서보다 그때의 모습에서 더 큰 통쾌함을
느꼈습니다. 말씀을 어떻게 그렇게 잘하십니까?"
내가 묻자, 이낙연은 호쾌하게 웃었다.

"그때는 제가 많이 까분 것이죠. 부끄럽습니다."

"많은 분께서 어떻게 그렇게 우아하게 돌직구를
던지시는지 궁금해하세요. 촌철살인 이야기는 많이
들으셨죠?"
이에 후보자는 빙긋 웃음을 보이며 말했다.

"연일 촌철살인을 했더니, 연쇄살인이 되었습니다."

총선 이후 연극인들과의 만남에서도 '이낙연의 말'에 대한
질문은 이어졌다. 만남 자리에 함께했던 서지혜 연출도
나와 비슷한 질문을 던졌다.

"말은 언제나 신중해야 하지요.
말을 하고 후회도 합니다. 그래서 자꾸 고민하게 되고요.
제가 말을 잘한다고 말씀을 하시는데, 저는 전혀 그렇게
생각하지 않아요. 저는 제 말에 굉장히 불만이 많아요.
잘 못한다고 생각해요. 제 말 때문에 상처받은
사람들도 있고요.

최소한으로 깎으려다 보니,
애매한 표현, 완곡한 표현이 되긴 되는데요.
그러나 하고 싶은 말은 꼭 해야 하는 게 여전히 남아
있습니다. 그것마저도 죽여야 되는데, 말을 안 하면
말을 너무 안 한다 그러고 …
참으로 어렵죠."

스스로에게 엄중한 남자 이낙연

"후회도 하세요?"

서지혜 연출이 묻자, 후보자는 입을 꾹 다물었다 떼고서는
말을 이었다.

**"후회하죠. 굉장히 부끄럽고, 그럴 때가 있어요.
괜한 말을 했구나 싶은 때가요."**

서지혜 연출도 배우들이나 스태프들을
상대하면서 느꼈던 '말하기'의 고충을
털어놨다. 혼자서 다수를 향해 말을 전한다는
게 얼마나 어려운지 잘 알고 있다고 말했다.

"그런데 말을 너무 안 하면 안 되잖아요. 연애할 때,
'왜 사랑한다는 말 안 해?'라고 야단맞는 것처럼,
정치인들 사이에도 '왜 도와달라고 말을 안 해요?'라고
말하는 경우가 있어요.

그런 거 말 안 해도 다 알 것 같은데, 그런 말하기를 바라는
경우가 있어요. 연극과 정치, 연애는 공통점이 있는 것
같아요. 적정 거리가 있어야 하지만, 동시에 상대방이
듣고 싶어 하는 이야기를 빼면 안 된다는 것이죠.
그게 어려워요."

"오히려 (그런 말은) 타인을 위해 존재하는
건지도 모르겠어요."

서지혜 연출이 이렇게 말하자, 이낙연도
그 말에 동의를 표했다.

"그래서 더 신중해야 하는 것이지요."

막걸리 예찬론자

스스로에게 엄중한 남자 이낙연

**"제가 한국막걸리협회에서 감사패를 받은
유일한 총리입니다."**

총리 재임 시절 이낙연은 전국에서 올라온
95종의 막걸리를 만찬주로 사용했는데,
공식적으로 만찬에 소비된 막걸리는
약 6,000여 병에 달했다. 술에는 그에 맞는
잔이 있기 마련이라 양은사발은 총리공관의
공식 식기로 등록되어 사용되었다.

만찬에는 손님들의 고향이나 그 주변
지역에서 생산하는 막걸리를 올렸다. 이러한
세심한 배려는 만찬 분위기를 적극적인
소통의 자리로 만들기에 부족함이 없었다고
한다.

"막걸리는 배가 불러 안주를 많이 먹을 필요가 없고,
그러니 몸에 무리가 되지 않습니다. 또 천천히 나눠 마시다
보니 부드러운 분위기 속에서 속정(俗情) 깊은 이야기를
나눌 수가 있죠. 술자리에서 흔히 벌어지는 싸움 같은 건
있을 수가 없습니다. 가격은 또 얼마나 착합니까.

게다가 배가 부르니 2차를 갈 필요도 없고요. 그러니
자연히 집에 일찍 들어가게 되고, 가족들에게도 덜
미안하게 됩니다. 다음날 일에도 지장을 주지 않는다는 건
특히 중요한 장점이지요."

스스로에게 엄중한 남자 이낙연

이낙연의 막힘 없는 막걸리 예찬이다.
막힘없이 술술술 이어 말하는 것을 보니
하루 이틀 풀어낸 이야기가 아닌 모양이었다.

스스로에게 엄중한 남자 이낙연

선거가 끝난 어느 토요일 오후, 대학로에서
활동하는 연극인들과의 막걸리 간담회
자리에서 성수동의 한강주조 막걸리를
내었는데, 이낙연 의원은 그것 역시 알고
있었다. 청년들이 서울 유일의 쌀, 경복궁 쌀로
만든 막걸리인 '나루' 막걸리가 청년 창업의
좋은 사례라고 칭찬을 아끼지 않았다.

예전에도 지역 막걸리와 특산품을 꿰뚫고
이야기하는 모습은 봐왔지만 이렇게 청년들이
이제 막 창업해 유통시키고 있는 막걸리까지
알고 있을 줄은 몰랐다.

역시 막걸리 박사, 막걸리 예찬론자다웠다.

"막걸리는 단순한 술이 아니죠. 지역의
특산품과 농작물들이 술로 빚어진 것입니다.
막걸리를 시킬 때, 사람들은 지역과 그 지역 특산품을
자연히 알게 되죠. 그러니 막걸리를 한 잔 마시는 건
그 이상의 의미를 갖습니다. 당연히 막걸리 소비는
지역 경제에 기여하는 바가 큽니다."

막걸리를 한 사발 마시는 것은 한 줌의 지역 쌀과 지역
특산품을 소비하는 것이며 나아가 우리나라 농업과
식품산업이 발전하는 데 도움이 된다는 것에는 이견이
없을 것이다. 이낙연이 이전에 발간했던 저서를 훑어보면,
우리 농업에 얼마나 큰 관심을 가지고 있는지 알 수 있다.

누가 뭐래도 이낙연은 막걸리 예찬론자다. 우리 농업을
지키고 보호하려는 의지를 가진 사람이다.

스스로에게 엄중한 남자 이낙연

시민과 자주 만나겠습니다

스스로에게 엄중한 남자 이낙연

유세 일정 동안 이낙연은 더불어 민주당의 코로나19
국난극복대책위원장으로, 상임 선거대책위원장으로,
종로구 국회의원 후보자로, 1인 3~4역을 도맡아
하루하루를 보냈다.

**"매 순간 마음을 다했지만 그래도 부족하죠.
언제나 아쉬움이 남습니다."**

그런 마음이기 때문에 계속 정치를 할 수 있는 것은 아닌가
싶었다. 이만하면 됐다, 싶은 마음이면 오늘이라도 그만둘
수 있을 텐데 여전히 부족하고, 아쉬움이 남는다면 그
부족함을 채우기 위해 더 정진할 수밖에 없을 것이다.

"코로나19 시국에서도 제 가슴을 뛰게 했던 건 전국의
유세장에서, 동네 골목골목에서 국민을 직접 만나 뵙고
눈을 맞추며 이야기를 나눌 수 있었다는 점입니다.

(…) 사재기 한 번 없는 나라, 일주일에 두 개밖에 살 수
없는 마스크를 더 필요한 이에게 양보하는 국민이 있는
나라, 재난지원금마저 더 어려운 이웃들에게 기부하는
나라가 세상 천지에 또 어디 있을까요?"

스스로에게 엄중한 남자 이낙연

"민주주의가 시작된 프랑스조차 선거를 미루는 마당에
그 어느 때보다 적극적으로 민주주의를 실현하고 있는
나라가 바로 대한민국입니다. 그러니 제가 더 아쉽고
더 부족하다는 생각을 할 수밖에요."

이낙연은 높은 사전투표율에 감동했다고
여러 번 힘주어 말했다.

"역시 정치인은 국민을 따라가기가 어렵습니다.
이렇게 또 한 수 배우는 것이지요."

"이제 훈련하시겠어요."
나의 말에 이낙연은 이렇게 대답했다.

스스로에게 엄중한 남자 이낙연

"다시 시작이지요. 매주 조용히 전통시장이나 골목을 돌며
시민과 자주 만나겠습니다."

코로나 세대에게 드리는 말씀

스스로에게 엄중한 남자 이낙연

"코로나19를 겪고 있는 모든 국민, 그 가운데에서도 이제
막 사회에 진출했거나 진출할 예정인 세대들에 대한
대책이 시급합니다. 저는 그 세대를 '코로나 세대'라
칭하는데, 코로나 세대가 당면한 문제들은 다른 세대가
겪고 있는 고통과는 비교가 안 되기 때문입니다."

이전에 없었던 새로운 바이러스 코로나19, 모두가 겪고
있다고 느끼지만 다 같은 무게로 느끼고 있는 건 아니다.
이낙연의 말처럼 세대별, 계층별로 받아들이는 타격은
전혀 다를 것이다. 더더욱 이제 막 사회에 진출했거나
진출할 예정인 세대라면 말이다.

"코로나 세대가 안전하게 살아갈 수 있는 사회,
내일을 기대하며 희망을 키워갈 수 있는 사회를
만들어야지요."

"젊은 세대들이 포기하고 사는 게 참 많습니다.
제가 학교 수업 중에 제 학생들에게 들은 이야기인데요,
우리 청년들은 '희망'이라는 단어가 그렇게 어색하답니다.
발음도 그렇고 말로 하는 것도 너무 낯설다고요. 그 말을
듣는데 제가 너무 미안하더라고요. 그래서 먼저 살아온
사람으로서 미안하다고 했어요."

**"그러니 이제는 포기를 멈추고 희망을 나눠 가지자고
말해야 합니다."**

이낙연은 눈을 반짝이며 그렇게 말했다.

스스로에게 엄중한 남자 이낙연

당신을 보호하겠습니다

스스로에게 엄중한 남자 이낙연

청와대 국민청원 홈페이지 개설 이래 가장 많은 동의를
얻은 주제가 있다. 바로 '텔레그램 N번방 관련자들의
신상공개에 관한 청원'이다. 복수의 관련 청원에 참여한
국민의 동의가 무려 600만 명에 가깝다. 그만큼 많은
국민이 이 문제에 분노하고 있다는 방증이 아니고
무엇이겠는가.

가해자 몇 명이 체포되었지만, 모든 국민을 조롱이라도
하듯 너무나 당당하다. 그저 면피할 생각으로 큰돈을 주고
전자 기록을 삭제하려고 알아보려는 자들도 여기저기에서
목격된다. 어이없게도 죄책감보다는 수치심으로 극단의
선택을 하는 자들도 있다.

그 어디에서도 피해자들에 대한 사죄의 말은 들리지
않는다. 그들은 끝내 우리 모두를 피해자로 만들어버렸다.

황교안 후보와의 토론회를 앞두고 이낙연은 고민이
많았다. 황교안 후보가 N번방 사건을 '남자들의 호기심'
정도로 판단하는 듯한, 사안을 너무 가볍게 바라보는
발언을 했기 때문이었다. 상대방 후보의 발언 때문에
이낙연은 N번방 이야기를 하는 데 더 고민이 많았다.
정치적인 사건도 아니고, 명백한 피해자가 발생한 일인데
그걸 정치적인 발언으로 인용하는 것조차 조심스러웠던
것이다.

그 부분에 대한 언급을 안 할 수는 없었지만 괜히 이야기를
꺼냈다가 상대방 후보에게 변명할 기회를 주는 분위기를
만드는 것도 조심해야 했다.

스스로에게 엄중한 남자 이낙연

스스로에게 엄중한 남자 이낙연

토론회 전날, 하루 일정을 마칠 때까지도 이낙연은 그
문제에 대해 어떻게 해야 할지 고민하며 내 의견을 물었다.

"김 작가 생각은 어떻습니까?"

나 역시 정치적으로 그 사안이 이용되어서는 안 된다고
생각했고, 그 의견을 전달했다.

**"정쟁의 사안이 될 수 없는 일이지요.
어떤 수사修辭로도 피해자 분들의 마음을 위로할 수 없다는
것도 알기에 더 조심스럽습니다."**

차에서 내릴 때까지도 이낙연은 그 문제에 대해 더 깊이
생각해보겠다고 말했다.

토론회는 생방송이 아니라 녹화 방송이었다. 실시간으로
영상을 볼 수가 없었던 나는 이낙연이 어떤 토론을
펼쳤을지, 어떤 방식으로 고민하던 내용을 풀어냈을지
궁금했다.

다음 날 나는 공개된 토론회 영상에서 이낙연의 소신을 읽을 수 있었다. 그는 단순한 차원의 문제 제기가 아니라 국제 공조수사까지 해서라도 발본색원해야 한다는 의견을 강조했다. 피해자 구제 대책과 가해자 처벌 문제에 대해서 강력한 처벌이 필요하다는 생각을 피력했다. 또한 N번방 관련 이야기를 맨 마지막 발언 시간에 할애함으로써 정치적 이슈로 문제를 끌고 가지 않으려고 애쓴 것이 느껴졌다.

그러나 매일 이낙연의 모든 것을 기사화할 것처럼 주변을 맴돌던 기자들은 이 부분에는 관심을 두지 않았다. 두 전임 총리의 불꽃 튀는 정쟁으로 이야기를 몰아가고 있었기 때문이었다. 이낙연의 이런 발언들은 어디에도 보도되지 않았다.

함께 대화하시겠습니까?

스스로에게 엄중한 남자 이낙연

21대 국회의원 선거 중 특히 종로구 선거는 특별한 주목을 받았다. 두 전임 총리가 나란히 후보자로 나섰으니, '종로 선거'를 '미니 대선'이라며 확대 해석하는 기사가 많았다. '종로 선거'가 난타전이 되기를 희망하는 사람들도, 싸움이 난 자리에 훈수 두기를 좋아하는 사람들도, 그 싸움을 통해 속이 시원해지는 사람들 또한 많았다.

하지만 이런 정치 풍토는 바람직하지 않다. 우리가 심판해야 할 게 있다면 바로 이런 정치 풍토일 것이다. 우리가 기다려야 할 미래가 있다면 이런 것들을 지워낸 미래여야 할 것이다.

3월 26일, 종로구 선거관리위원회에서 후보자 등록을 마친
이낙연 앞으로 많은 취재진이 몰려와 마이크를 들이댔다.

"어떤 선거 전략과 기획을 가지고 계십니까?"

"그런 건 없습니다."

이낙연은 일언지하에 이렇게 답했다. 다소 생소한
답이었다. 그래도 답을 달라고 같은 질문을 반복하는
기자들이 있었다.

스스로에게 엄중한 남자 이낙연

"없으니 없달 수밖에요. 전부터 선거를 전략이나 기회로
보고 있지 않습니다. 선거야말로 유권자와 후보자의
진심이 담긴 대화여야 합니다."

그때만 해도 그게 가능할까 하는 생각이 들기도 했다.
진심으로 어떻게 대화를 할 것인지 궁금하기도 했다. 그런
내 궁금증에 이낙연은 이렇게 답해주었다.

스스로에게 엄중한 남자 이낙연

스스로에게 엄중한 남자 이낙연

"상대 후보자에 비해 어떤 걸 더 잘하고, 어떤 전략으로
이겨보겠다고 이야기한다는 것 자체가 국민의 삶을 너무도
모른다는 말이지요.
지금은 그런 말을 할 때가 아닙니다. IMF 때는 우리만
어렵고 바깥의 나라들은 건재했습니다. 그래서
금세 벗어날 수가 있었죠.

그런데 지금은 전 세계가 코로나로 위기를 겪고 있습니다.
수출 주력 국가인 우리나라는 더 큰 위기를 맞은 것이고요.
함께 힘을 모아 이겨내자고 말을 해도 아쉬울 판에
네거티브를 한다는 것 자체가 국민의 마음을 거스르는
것이지요."

과연 그러할까. 상대방이 공격한다면 응수해야 하지 않을까? 어떤 전략을 짜서 맞서지 않을까? 흔히 보아왔던 정치 드라마에서처럼 내가 생각지 못하는 어떤 '작전'이 개입되지 않을까?

하지만 상상은 여기까지였다.

함께하는 시간이 늘어갈수록 나는 그러한 궁금증을 거둬들였다. 이낙연은 누구를 만나든, 어떤 장소에 가든 전임 총리로서 알고 있는 바를 정확히 전달하는 데 주력했다.

내가 보기에 이낙연은 세상 사는 이치에 어느 정도 능통해 보였다. 처음에는 그것이 기자를 거쳐, 농촌 기반의 지역구 4선에, 전라남도 도지사와 국가 살림을 살피는 총리를 역임했기 때문이라고 생각했다. 그러나 여타의 정치인들과 고위 관료들을 떠올려보면 경험한다고 해서 모두 그런 게 아니란 생각이 들었다.

스스로에게 엄중한 남자 이낙연

선거 기간을 함께 보내면서 나는 이낙연이 가지고 있는
호기심이 강력하게 작용했을 것이라는 나름의 결론을
내렸다. 이낙연은 여전히 세상사에 관심이 많고 알고 싶어
했고, 듣고 싶어 했으며, 묻고 싶어 했다. 모르는 게 있으면
배우고 싶어 했다. 그런 왕성한 호기심 때문인지 외려
스스로를 아직도 아는 게 부족하다고 낮췄는지도 모른다.

그건 이낙연 스스로가 말하는 '사회적 감수성'으로
이어졌다. 사회적 감수성은 세상에 대한 이해, 주변에 대한
공감을 말하는 것이었다. 공감은 곧 상상에서 비롯된다.
한 번도 본 적 없는 코끼리를 뼈만 보고 상상하는 힘.
본 적 없는 그 어떤 마음을 헤아리는 일, 그것이 바로
상상이다. 그 상상은 호기심에서 출발한다. 그리고 그것은
공감으로 귀결된다. 나는 이낙연의 호기심과 궁금증
가득한 표정이 좋았다.

스스로에게 엄중한 남자 이낙연

에필로그

김대중, 노무현 그리고 문재인의 이낙연

이낙연과 함께 다니면서 나는 내게 너무도 멀다고 느꼈던 세 분의 대통령에 대한 이야기를 전해 들을 수 있었다.

"세 분의 대통령들을 다 겪으셨는데, 어떤 분들로 기억하시나요?"

"김대중 대통령은 철학이 있으셨습니다. 그만큼 또 유머 감각이 있으셨어요. 제가 기자 시절부터 함께했는데, 저를 많이 아껴주셨던 기억이 납니다. 덕분에 정치에 입문하게 됐고요."

고 김대중 전 대통령은 문화예술 분야에도 혁혁한 변화를 주셨던 걸로 알고 있다. 문화예술에 대한 큰 그림을 가지고 계셨고, 덕분에 지금 한류 콘텐츠들이 활활 날아오를 수 있었다. 듣기로 국가 예산의 1%는 무조건 문화를 위해서 사용하게끔 했다고 한다. 그게 지금까지 이어져 왔다면 우리 문화예술 분야는 많이 달라졌을 것이다. 문화예술 분야에 속한 한 사람으로서 깊은 상실감과 아쉬움이 남는다.

"노무현 대통령은 정말 인간적인 분이셨습니다. 따뜻했고 자상하셨습니다. 그렇게 인간적으로 대해주시기 어려우셨을 텐데도 격의 없이 대해주셨습니다. 특히 기억나는 건 노무현 대통령님 취임식 때 제가 쓴 취임사를 글자 한 자도 수정하지 않으시고 읽으셨던 겁니다.

몇날 며칠을 여러 참모들이 고민하고 있었던 때였는데, 제 글을 보시고 그대로 수용해주셨지요."

"문재인 대통령은 그 누구보다도 피해자의 마음을 잘 헤아리시는 분입니다. 언제나 약자 편에 서서 생각하시죠. 문재인 정부의 초대 총리가 된 것이 제게는 분에 넘치는 일이었습니다."

총선 일정이 끝나고 나는 이낙연과 다시 멀어졌다. 나는 내 자리로 돌아왔고, 이낙연은 4선 의원을 지내면서 오갔던 의원회관으로 돌아갔다. 나는 이 인연을 참 좋은 기억으로 간직하려 한다.

무엇보다 세 분의 전직 대통령이 선택한 사람이라는 것부터가 내게는 많은 부분 긍정적으로 작용했다. 세 분의 대통령을 믿기에 나는 이낙연을 믿는다.

스스로에게 엄중한 남자 이낙연
정치의 품격, 이낙연의 얼굴들

이낙연의 말, 김봄 지음
ⓒ김봄, 2020

초판 1쇄 2020년 9월 28일 발행

ISBN 979-11-5706-203-4 (03340)

_____

만든사람들
기획편집   배소라
편집도움   이병렬
디자인   이준한
사진 제공   이낙연 의원실
마케팅   김성현 김규리
인쇄   스크린그래픽

펴낸이   김현종
펴낸곳   (주)메디치미디어
경영지원   전선정 김유라
등록일   2008년 8월 20일 제300-2008-76호
주소   서울시 종로구 사직로 9길 22 2층
전화   02-735-3308
팩스   02-735-3309
이메일   medici@medicimedia.co.kr
페이스북   facebook.com/medicimedia
인스타그램 @medicimedia
홈페이지   www.medicimedia.co.kr